BEI GRIN MACHT SICH IHR WISSEN BEZAHLT

- Wir veröffentlichen Ihre Hausarbeit, Bachelor- und Masterarbeit

- Ihr eigenes eBook und Buch - weltweit in allen wichtigen Shops

- Verdienen Sie an jedem Verkauf

Jetzt bei www.GRIN.com hochladen und kostenlos publizieren

Stefan Kästner

Temperaturgeführte Logistik - Rechtliche Aspekte, HACCP-Konzept und das ATP-Abkommen, Stand 2007

GRIN Verlag

Bibliografische Information der Deutschen Nationalbibliothek:

Die Deutsche Bibliothek verzeichnet diese Publikation in der Deutschen Nationalbibliografie; detaillierte bibliografische Daten sind im Internet über http://dnb.d-nb.de/ abrufbar.

Dieses Werk sowie alle darin enthaltenen einzelnen Beiträge und Abbildungen sind urheberrechtlich geschützt. Jede Verwertung, die nicht ausdrücklich vom Urheberrechtsschutz zugelassen ist, bedarf der vorherigen Zustimmung des Verlages. Das gilt insbesondere für Vervielfältigungen, Bearbeitungen, Übersetzungen, Mikroverfilmungen, Auswertungen durch Datenbanken und für die Einspeicherung und Verarbeitung in elektronische Systeme. Alle Rechte, auch die des auszugsweisen Nachdrucks, der fotomechanischen Wiedergabe (einschließlich Mikrokopie) sowie der Auswertung durch Datenbanken oder ähnliche Einrichtungen, vorbehalten.

Impressum:

Copyright © 2007 GRIN Verlag GmbH
Druck und Bindung: Books on Demand GmbH, Norderstedt Germany
ISBN: 978-3-656-23194-3

Dieses Buch bei GRIN:

http://www.grin.com/de/e-book/196915/temperaturgefuehrte-logistik-rechtliche-aspekte-haccp-konzept-und-das

GRIN - Your knowledge has value

Der GRIN Verlag publiziert seit 1998 wissenschaftliche Arbeiten von Studenten, Hochschullehrern und anderen Akademikern als eBook und gedrucktes Buch. Die Verlagswebsite www.grin.com ist die ideale Plattform zur Veröffentlichung von Hausarbeiten, Abschlussarbeiten, wissenschaftlichen Aufsätzen, Dissertationen und Fachbüchern.

Besuchen Sie uns im Internet:

http://www.grin.com/

http://www.facebook.com/grincom

http://www.twitter.com/grin_com

SEMINARARBEIT

Thema:

Temperaturgeführte Logistik
Rechtliche Aspekte,
HACCP- Konzept und das ATP- Abkommen
Stand 2007

Vorgelegt
an der
Fachhochschule
Gießen/Friedberg

Fachbereich:
Sozial und Kulturwissenschaften

Abbildungsverzeichnis -- II

Tabellenverzeichnis -- III

Abkürzungsverzeichnis --**IV**

1. Rechtliche Aspekte temperaturgeführter Logistik ------------------------- **1** -

1.2. Europäisches Recht und seine Umsetzung --------------------------------- 2 -

1.3. Die Lebensmittelhygieneverordnung (LMHV) ------------------------------------ 4 -

1.4. Das HACCP- System (bzw. HACCP- Konzept) ----------------------------------- 5 -

1.5. Verordnungen in einzelnen Bereichen --- 6 -

1.5.1. Das ATP-Abkommen bei Fahrzeugen --- 6 -

1.5.2 Tiefkühlverordnung (TMLV) -- 11 -

1.5.3. Produktspezifische Verordnungen -- 12 -

1.5.4. Verpackungsverordnung --- 12 -

1.5.5. Verordnungen während des Transportes ----------------------------------- 12 -

1.5.6. Umweltverordnungen -- 13 -

1.5.7. Arbeitsplatzverordnungen --- 13 -

1.5.8. Frischebereich -- 14 -

2. Zahlen, Daten, Fakten --- **14** -

3. Besondere Umschlagsplätze -- **22** -

4. Gefahren und äußere Einflüsse --- **22** -

5. Aspekte zukünftiger temperaturgeführter Logistik ------------------------ **23** -

Abbildungsverzeichnis

Seite

Abbildung 1: Übersicht über Verordnungen im Bereich der temperaturgeführten Logistik. Quelle: eigene Darstellung. ... 1

Abbildung 2: Zeichen des ATP. Quelle: Germanischer Lloyd, http://www.gl-group.com/industrial/topics/8441.htm (16.2.2206) ... 10

Abbildung 3: ATP-Schild. Quelle: TÜV- SÜD, Informationsblatt, Stand April 2004 ... 10

Abbildung 4: Verteilung des Belegungsgrades 2001. Quelle: Peilnsteiner, J. / Truszkiewitz, G.: Handbuch temperaturgeführte Logistik, 1.Auflage, Hamburg 2002, Seite 9, eigene Darstellung ... 16

Abbildung 5: Durchschnittliche Palettenbelegung der VDKL- Kühlhäuser im Jahr 2005 in %. Quelle: www.vdkl.de/brachenzahlen.htm (19.02.2006) ... 17

Abbildung 6: Tiefkühlabsatzentwicklung 2004 in Deutschland gemessen in Tonnen (ohne Speiseeis). Quelle: Deutsches Tiefkühlinstitut e. V. (19.02.2006) ... 18

Abbildung 7: Tiefkühlkost Pro-Kopf-Verbrauch von 1974 bis 2004 in Deutschland gemessen in Kilogramm (ohne Speiseeis). Quelle: Deutsches Tiefkühlinstitut e.V. (19.02.2006) ... 19

Abbildung 8: Tiefkühlkost Absatz 2004 (in Tonnen). Quelle: www.tiefkuehlinstitut.de (18.03.2006), eigene Darstellung ... 22

Tabellenverzeichnis

Seite

Tabelle 1: Daten der Temperatureinhaltung während des Transportes.
Quelle: http://www.lamberet.fr/de/pagla32.htm#température (17.02.2006) 7

Tabelle 2: ATP-Vertragsstaaten. Quelle: http://www.gl-group.com/scripts/index_fs.html?content=http%3A//www.gl-group.com/industrial/topics/8457.htm&top=undefined (16.2.2006) 8

Tabelle 3: Tiefkühlkost-Absatz 2004 in Tonnen. Quelle: Deutsches Tiefkühlinstitut e. V.: www.tiefkuehlinstitut.de 21

Abkürzungsverzeichnis

°C	Grad Celsius
Abb.	Abbildung
ABl.	Amtsblatt
Abs.	Absatz
ArbSchG	Arbeitsschutzgesetz
ATP	Accord Relatif Aux Transports Internationaux De Denrees Perissables Et Aux Engins Speciaux a´ Utiliser Pour Ces Transports
BGBl.	Bundesgesetzblatt
BgVV	Bundesinstitut für gesundheitlichen Verbraucherschutz und Veterinärmedizin
BImSchG	Bundes- Immissionsschutzgesetz
CA	Controlled Atmosphere
ca.	Circa
cbm	Kubikmeter Volumen
d.h.	das heißt
ECR	Efficient Consumer Response
EDI	Electronic Data Interchange
EG	Europäische Gemeinschaft
EGRL	Europäische Gemeinschaft- Richtlinie
ENV	Europäische Vornorm
etc.	Ecetera
EWG	Europäische Wirtschaftsgemeinschaft
FCKW	Fluorchlorkohlenwasserstoffe
FIFO	First in First out
GPS	Global Positioning System

HACCP	Hazard Analysis and Critical Control Point
H-FCKW	Teilhalogenierte Fluorchlorkohlenwasserstoffe
JIT	Just In Time
K-Wert	Wärmedurchgangskoeffizient
Lkw	Lastkraftwagen
LMEV	Verordnung zur Durchführung der veterinärrechtlichen Kontrolle bei Einfuhr und Durchfuhr von Lebensmitteln tierischer Herkunft aus Drittländern und Einfuhr sonstiger Lebensmittel aus Drittländern
LMHV	Lebensmittelhygiene-Verordnung
LMKV	Verordnung über die Kennzeichnung von Lebensmitteln
LMTV	Verordnung über hygienischer Anforderungen der Transportbehälter zur Beförderung von Lebensmitteln
m^2	Quadratmeter
NASA	Nationale Luft- und Raumfahrtbehörde (USA)
PCF	Perishable-Center-Frankfurt
S.	Seite
SCM	Supply Chain Management
TK	Tiefkühl
TKM	Transportkältemaschinen
TLMV	Verordnung über tiefgefrorene Lebensmittel
TUL	Transport, Umschlag, Lagerung
UNECE	United Nations Economic Commission of Europe
usw.	und so weiter
VDKL	Verband Deutscher Kühlhäuser und Kühl-Logistikunternehmen e.V.
z. T.	zum Teil
z. B.	zum Beispiel

1. Rechtliche Aspekte temperaturgeführter Logistik

Die rechtlichen Aspekte, auf die hier in dieser Ausarbeitung eingegangen werden soll, beziehen sich auf den Lebensmittelbereich im Rahmen der temperaturgeführten Logistik. Dieser Bereich wurde ausgewählt da er die größte Bedeutung bei der temperaturgeführten Logistik hat. Neben diesem Bereich gibt es auch Produkte, die nicht im Lebensmittelsektor angesiedelt sind, aber dennoch temperaturgeführt werden, z.B. Arzneimittel, flüssiger Stickstoff, Teer oder auch Asphalt. Auf diese Bereiche soll hier jedoch nicht eingegangen werden. Die nachfolgende Abbildung 1 gibt einen Überblick über Verordnungen im Lebensmittelbereich, die im Zusammenhang mit der temperaturgeführten Logistik eine Rolle spielen. Auf die einzelnen Aspekte wird anschließend in den nachfolgenden Kapiteln genauer eingegangen.

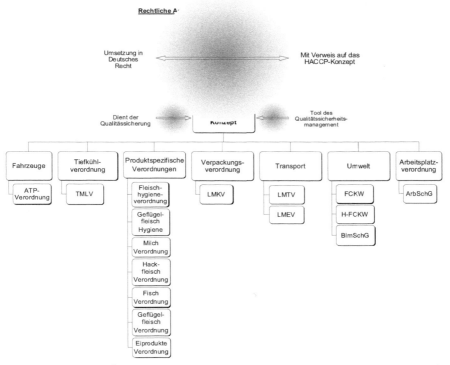

Abbildung 1 : Übersicht über Verordnungen im Bereich der temperaturgeführten Logistik, auf die nachfolgend eingegangen wird. Quelle: eigene Darstellung

1.2. Europäisches Recht und seine Umsetzung

Die neueste Änderung des Europäischen Gesetzes ist die EG-Verordnung 852/2004, die zum 01.01.2006 umgesetzt werden musste. In dieser EG-Verordnung sind drei bisherige Verordnungen und zwei Richtlinien integriert. Diese sollen hier zitiert werden:

„(1.) die vorliegende Verordnung (EG) Nr. 852/2004 des Europäischen Parlaments und des Rates vom 29. April 2004 über Lebensmittelhygiene (ABl. EU Nr. L 139 S. 1) in der Fassung der Berichtigung vom 25. Juni 2004 (ABl. EU Nr. L 226 S. 3),

(2.) die Verordnung (EG) Nr. 853/2004 des Europäischen Parlaments und des Rates vom 29. April 2004 mit spezifischen Hygienevorschriften für Lebensmittel tierischen Ursprungs (ABl. EU Nr. L 139 S. 55) in der Fassung der Berichtigung vom 25. Juni 2004 (ABl. EU Nr. L 226 S. 22),

(3.) die Verordnung (EG) Nr. 854/2004 des Europäischen Parlaments und des Rates vom 29. April 2004 mit besonderen Verfahrensvorschriften für die amtliche Überwachung von zum menschlichen Verzehr bestimmten Erzeugnissen tierischen Ursprungs (ABl. EU Nr. L 139 S. 206) in der Fassung der Berichtigung vom 25. Juni 2004 (ABl. EU Nr. L 226 S. 83),

(4.) die Richtlinie 2002/99/EG des Rates vom 16. Dezember 2002 zur Festlegung von tierseuchenrechtlichen Vorschriften für das Herstellen, die Verarbeitung, den Vertrieb und die Einfuhr von Lebensmitteln tierischen Ursprungs (ABl. EU 2003 Nr. L 18 S. 11) und

(5.) die Richtlinie 2004/41/EG des Europäischen Parlaments und des Rates vom 21. April 2004 zur Aufhebung bestimmter Richtlinien über Lebensmittelhygiene und mit Hygienevorschriften für die Herstellung und das Inverkehrbringen von bestimmten Lebensmitteln tierischen Ursprungs sowie zur Änderung der Richtlinien 89/662/EWG und 92/ 118/EWG des Rates und der Entscheidung 95/408/EG des Rates (ABl. EU Nr. L 157 S. 33) in der Fassung der Berichtigung vom 2. Juni 2004 (ABl. EU Nr. L 195 S. 12).

Die drei erstgenannten Gemeinschaftsrechtsakte stellen als Verordnungen unmittelbar geltendes und somit von den betroffenen Lebensmittelunternehmern und der amtlichen Überwachung anzuwendendes Recht dar. **Der Umsetzung in deutsches Recht bedarf es nicht. Die Verordnung (EG) Nr. 852/2004 führt die Regelungen der Richtlinie 93/43/EWG des Rates vom 14. Juni 1993 über Lebensmittelhygiene**

(ABl. EG Nr. L 175 S. 1) fort, die in das nationale Recht mit der Lebensmittelhygiene-Verordnung vom 5. August 1997 (BGBl. I S. 2008) umgesetzt worden ist."[1]

Hieraus geht hervor, dass diese Verordnung nicht in deutsches Gesetz umgesetzt werden muss, wie es nach Absatz 5 dieser Verordnung steht. Jedoch muss diese beachtet und eingehalten werden. Aus diesem Grund wird hier die Verordnung 93/43 EG genauer behandelt. Sie stellt jedoch nur nationales Recht dar. Die Verordnung 852/2004 wird im Laufe des Jahres 2006 mit neuen nationalen Verordnungen seitens des Gesetzgebers die bis dahin geltenden Verordnungen neu gestallten.
Gerade im Bereich der temperaturgeführten Logistik wird die Verordnung 853/2004 Änderungen mit sich bringen.

Die **EG- Richtlinie 93/43** aus dem Jahr 1993 besagt, dass der freie Verkehr mit Lebensmitteln eine wesentliche Voraussetzung des Binnenmarktes darstellt. Dieses Prinzip setzt voraus, dass bei der Zubereitung, Verarbeitung, Herstellung, Verpackung, Lagerung, Beförderung, Verteilung, Behandlung und beim Anbieten von Lebensmitteln zum Verkauf oder zur Lieferung an den Verbraucher zu jedem Zeitpunkt gesundheitliche Unbedenklichkeit und Hygiene der im freien Verkehr befindlichen Waren besteht. Der Schutz der menschlichen Gesundheit ist ein vorrangiges Anliegen. Die Richtlinie 89/397/EWG vom 14. Juni 1989 regelt den Gesundheitsschutz sowie die amtliche Überwachung von Lebensmitteln, welche die Lebensmittelhygiene als Hauptaugenmerk hat und aus der die Richtlinie 93/43 resultiert. In der Richtlinie 93/43 wurde die bis dahin bestehende Richtlinie 89/397/EWG harmonisiert und um die Punkte Gefahrenanalyse, Risikobewertung und ähnliche Maßnahmen als Verfahren zur Identifizierung, Prüfung und Überwachung kritischer Kontrollpunkte erweitert.
Des Weiteren wird im Artikel 2 der Richtlinie 93/43 der Begriff „Lebensmittelhygiene" definiert. In Deutschland wurde dieser Artikel als Lebensmittelverordnung umgesetzt und beinhaltet alle Vorkehrungen und Maßnahmen, die notwendig sind, um ein unbedenkliches und genusstaugliches Lebensmittel zu gewährleisten. Die Vorkehrungen und Maßnahmen umfassen alle auf die Urproduktion folgenden Stufen:

- Zubereitung
- Verarbeitung
- Herstellung
- Verpackung
- Lagerung

---

[1] Verordnung der EG 852/2004; Einleitung der Ausgabe vom 29. April 2004 mit geänderter Fassung vom 25. Juni. 2004, die am 01. 01. 2006 in Kraft trat (Stand: 19.02.2006).

- Beförderung
- Verteilung
- Behandlung / Anbieten zum Verkauf / Lieferung an den Verbraucher

Außerdem werden in der Richtlinie 93/43 „Lebensmittelunternehmen" definiert. Dies sind alle öffentlichen und privaten Betriebe mit oder ohne Erwerbszweck, die eine Handlung an einer oder an der Gesamtheit der Stufen der Lebensmittelhygiene vornehmen.

In Artikel 3 Abs. 2 der Richtlinie 93/43 werden die Lebensmittelunternehmen nach Feststellung der für die Lebensmittelsicherheit kritischen Punkte im Prozessablauf verpflichtet, dafür zu sorgen, angemessene Sicherheitsmaßnahmen fest zulegen, durchzuführen, einzuhalten und zu überprüfen. Hierbei sind die Grundsätze des HACCP-Systems[2] zu beachten. Konkretisiert werden diese Grundsätze in folgenden Punkten:

- Analyse der potentiellen Risiken für Lebensmittel in den Prozessen eines Lebensmittelunternehmens
- Identifizierung der Punkte in diesen Prozessen, an denen Risiken für Lebensmittel auftreten können
- Festlegung, welche dieser Punkte für die Lebensmittelsicherheit kritisch sind (so genannte "kritische Punkte")
- Feststellung und Durchführung wirksamer Prüf- und Überwachungsverfahren für diese kritischen Punkte
- Überprüfung der Gefährdungsanalyse für Lebensmittel, der kritischen Kontrollpunkte und der Prüf- und Überwachungsverfahren in regelmäßigen Abständen und bei jeder Änderung der Prozesse in Lebensmittelunternehmen.[3]

1.3. Die Lebensmittelhygieneverordnung (LMHV)

Die **L**ebens**m**ittel**h**ygiene**v**erordnung (LMHV) trat vier Jahre nach der EG-Richtlinie 93/43 in Deutschland am 05. August 1997 in Kraft und wurde am 21. Mai 2001 geändert.

Relevant für die temperaturgeführte Logistik ist § 2 (Begriffsbestimmungen) Abs. 2 LMHV in dem eine nachteilige Beeinflussung der Produkte oder sonstige Beeinträchtigung der einwandfreien hygienischen Beschaffenheit von Lebensmittel durch Temperaturen, Witterungseinflüsse und andere auf das Produkt nachteilig wirken.[4]

---

[2] Hazard Analysis and Critical Control Point. Dieses System wird in 5.4 näher erläutert.
[3] Vgl. Artikel 1 ff der EG-Richtlinie 93/43.
[4] Vgl. § 2 Lebensmittelhygieneverordnung (Stand: 18.02.2006).

In der Anlage dieser Verordnung unter Kapitel 4 und Kapitel 5 LMHV werden unter anderem die Gegenstände und die Ausrüstungen sowie der Umgang mit Lebensmitteln erläutert.

Kapitel 4 LMHV geht dabei auf die Vorrichtungen und Behälter ein, die der Lagerung oder Beförderung von Lebensmitteln dienen ein. Diese müssen so ausgerüstet und ausgestattet sein, dass die für die Verkehrsfähigkeit der Lebensmittel erforderliche Temperatur eingehalten werden kann. Sofern erforderlich, müssen angemessene Vorrichtungen zur Aufrechterhaltung und Überwachung der Temperaturen vorhanden sein.

Kapitel 5 LMHV beschreibt die Anforderungen beim Umgang mit Lebensmitteln unter anderem im Bereich Warenannahme und Überprüfung. Die Warenannahme von Produkten die erwiesenermaßen oder aller Voraussicht nach gesundheitlich bedenklich verdorben oder nicht für den Verzehr geeignet sind, dürfen nicht angenommen werden. Sind leicht verderbliche Waren mit dem Hinweis auf Einhaltung bestimmter Temperaturen versehen, so müssen diese Temperaturen bis zur Abgabe an den Verbraucher eingehalten werden. Es darf jedoch, sofern am Produkt keine nachteilige Beeinflussung entsteht, kurzfristig von den angegebenen Temperaturen zum Be- und Entladen abgewichen werden.[5]

1.4. Das HACCP- System (bzw. HACCP- Konzept)

Das HACCP-System (**H**azard **A**nalysis and **C**ritical **C**ontrol **P**oint) ist ein zukunftsorientiertes System zur Erkennung, Beurteilung und Verhinderung von Fehlerquellen und zur Gewährleistung der Lebensmittelsicherheit im Hinblick auf chemische, physikalische und biologische Gefährdungen, wie zum Beispiel der Verderb der Ware. Wie in Abschnitt 1.2 bereits behandelt, wird im Rahmen der EG-Richtlinie 93/43 sowie auch der Lebensmittelverordnung von fünf Grundsätzen des HACCP-Systems gesprochen, welche eingehalten werden müssen. Das Konzept, aus dem später das HACCP-System entstand, stammt ursprünglich aus den USA und wurde dort im Jahr 1959 entwickelt, um ein weltraumgeeignetes Lebensmittel herzustellen. Das Konzept wurde in Zusammenarbeit mit der NASA im Jahr 1971 in den USA als HACCP-Konzept veröffentlicht. Seitdem wurde das aus diesem Konzept abgeleitete System weltweit erprobt und weiterentwickelt. HACCP bedeutet die Installation eines Eigenkontrollsystems durch die Betriebe, das die Lebensmittelsicherheit gewährleistet und der Abwehr der gesundheitlichen Gefahren dient.[6]

---

[5] Vgl. § 2 Lebensmittelhygieneverordnung Artikel 4 f (Stand: 18.02.2006).
[6] Vgl. http://www.ccschaper.de/index.php?p=90&l=1&sid=276a950fd213bb380fccb9c499d8 f271 (18.02.2006).

Die Gefährdungsanalyse kritischer Lenkungspunkte ist ein Werkzeug im Rahmen eines speziellen Qualitätsmanagementsystems für Unternehmen in der Lebensmittelbranche und umfasst sämtliche Bereiche eines Herstellvorgangs.[7]

1.5. Verordnungen in einzelnen Bereichen

Die Verordnungen, die hier im Einzelnen erörtert werden sollen, erstrecken sich wie in Abbildung 1 ersichtlich über mehrere spezifische Gebiete. Die hier behandelten Gebiete beziehen sich auf den temperaturgeführten Bereich bei Lebensmitteln. Diese wären wie folgt zu nennen: Fahrzeuge, Tiefkühlverordnung, produktspezifische Verordnungen, Verpackungsverordnung, Transportverordnung, Umweltverordnung und Arbeitsplatzverordnung.

1.5.1. Das ATP[8]-Abkommen bei Fahrzeugen

Bereits 1955 beschäftigte sich die Wirtschaftskommission für Europa der Vereinten Nationen mit der Beförderung von leichtverderblichen Waren (Lebensmitteln).

Im Jahr 1970 trat das erste internationale Regelwerk „ATP-Abkommen", was übersetzt aus dem Französischen die Bedeutung von „Übereinkommen über internationale Beförderungen leicht verderblicher Lebensmittel und über die besonderen Beförderungsmittel, die für diese Beförderungen zu verwenden sind"[9] in Kraft.

Zur Eingrenzung, in welchem Bereich die rechtlichen Rahmenbedingungen auf die verschiedenen Bereiche einwirken können, wird wie folgt festgelegt: „Der Tiefkühlbereich bewegt sich dabei zwischen minus 180° Celsius und 0° Celsius. Der Frischebereich bewegt sich zwischen 0° Celsius und 120° Celsius."[10]

Durch den Umgang mit temperaturgeführten Produkten wie z.B. Fleisch, Fisch, Molkereiprodukten und andere Lebensmitteln, werden diese auch mit den rechtlichen Vorschriften und Verordnungen konfrontiert.

Um den Verbraucher zu schützen, existieren eine Reihe Verordnungen und bindende rechtliche Vorschriften für jeden der Bereiche Tiefkühlprodukte (in Form von Tiefkühllebensmitteln) und Frischeprodukte (z.B. in Form von Molkereiprodukten). In erster Linie trifft dies bei leicht verderblichen Waren zu, die gemäß Lebensmittelhygiene-Verordnung (LMHV) „...in mikrobiologischer Hinsicht in kurzer Zeit verderblich sind und

---

[7] Vgl. http://www.ibschardt.de/html/body_haccp.html (18.02.2006).
[8] Accord Relatif Aux Transports Internationaux De Denrees Perissables Et Aux Engins Speciaux a´ Utiliser Pour Ces Transports
[9] Vgl. http://www.gl-group.com/scripts/index_fs.html?content=http%3A//www.gl-group.com/industrial/topics/8457.htm&top=undefined (16.02.2006).
[10] Truszkiewitz, G. / Vogel, S.: Temperaturgeführte Logistik. In: Arnold, D. u. a.: Handbuch der Logistik, 2. Auflage, Berlin – Heidelberg 2004, Seite B7-35.

deren Verkehrsfähigkeit nur bei Einhaltung bestimmter Temperaturen oder sonstiger Bedingung bestehen bleibt".[11]

Das ATP-Regelwerk hat zu den Temperaturen, die während des Transportes eingehalten werden müssen, eine Tabelle herausgebracht, in der die einzelnen Daten ersichtlich sind. Einen Auszug aus dieser Tabelle befindet sich in Tabelle 1. Daraus kann man ersehen, welche Temperaturen produktspezifisch beim Transport eingehalten werden müssen.

Eiscreme	-20° Celsius
Fisch, Fischerzeugnisse, Weich- und Schalentiere, tiefgefroren, tiefgekühlt und alle anderen tiefgekühlten Lebensmittel	-18° Celsius
alle tiefgefrorenen Lebensmittel (Butter ausgenommen)	-12° Celsius
tiefgefrorene Butter	-10° Celsius
rote Innereien	+3° Celsius
Butter	+6° Celsius
Wild	+4° Celsius
Milch in Milchtanks (roh oder pasteurisiert) für den unmittelbaren Verbrauch	+4° Celsius
industrielle Milch	+6° Celsius
Milcherzeugnisse (Joghurt, Kefir, Pudding und frischer Käse)	+4° Celsius
Weich- und Schalentiere (andere als geräucherter, gesalzener oder lebendiger Fisch, lebendige Weich- und Schalentiere)	müssen stets in schmelzendem Eis verpackt werden
Erzeugnisse auf der Grundlage von Fleisch (durch Salzen, Räuchern, Trocknen oder Sterilisierung haltbar gemachte Produkte ausgenommen)	+6° Celsius
Fleisch (rote Innereien ausgenommen)	+7° Celsius
Geflügel und Kaninchen	+4° Celsius

Tabelle 1: Daten der Temperatureinhaltung während des Transportes.
(Quelle: http://www.lamberet.fr/de/pagla32.htm#température; Stand: 17.02.2006)

In Tabelle 2 befindet sich eine Übersicht über die Staaten, die den Vertrag, der seit 1970 besteht, unterzeichnet und angenommen haben. Die Erstunterzeichner sind Frankreich und die damalige UdSSR. Dabei kann auch entnommen werden, dass z. B. die Bundesrepublik Deutschland nicht zu den Erstunterzeichnern gehört, sondern das Abkommen erst 1974 unterzeichnet hat. Als letzter Staat ist Anfang 2006 Albanien dem Abkommen beigetreten.

---

[11] BgVV: Temperaturanforderungen und – empfehlungen für Lebensmittel. In: BgVV- Informationen, Stand 1/99, Berlin 1999.

	unterzeichnet / ratifiziert		unterzeichnet / ratifiziert
Albanien	26.01.2006	Marokko	05.03.1981
Aserbeidschan	08.05.2000	Monaco	24.10.2001
Belgien	01.10.1979	Niederlande	30.11.1978
Bosnien-Herzegowina	12.01.1994	Norwegen	14.07.1979
Bulgarien	26.01.1978	Österreich	01.03.1977
Bundesrepublik Deutschland	08.10.1974	Poland	05.05.1983
Dänemark	22.11.1976	Portugal	15.08.1988
Estland	06.02.1998	Rumänien	22.04.1999
Finnland	15.05.1980	Russische Föderation	10.09.1971
Frankreich	01.03.1971	Schweden	13.12.1978
Georgien	30.11.1998	Serbien und Montenegro	12.03.2001
Griechenland	01.04.1992	Slowakei	28.05.1993
Großbritannien und Nordirland	05.10.1979	Slowenien	06.08.1993
Italien	30.09.1977	Spanien	24.04.1972
Irland	22.03.1988	Tschechische Republik	02.06.1993
Kasachstan	17.07.1995	ehem. Jugoslawische Republik Makedonien	20.12.1999
Kroatien	03.08.1992	Ungarn	04.12.1987
Lettland	06.02.2003	USA	20.01.1983
Litauen	28.04.2000	Usbekistan	11.01.1999
Luxemburg	09.05.1978	Weißrussland	03.08.2001

Tabelle 2: ATP-Vertragsstaaten.
(Quelle: http://www.gl-group.com/scripts/index_fs.html?content=http%3A//www.gl-group.com/industrial/topics/8457.htm&top=undefined; Stand: 16.02.2006)

Die Schweiz hat das ATP-Abkommen zwar unterschrieben, aber bisher noch nicht ratifiziert (Stand: 17.02.2006).

An allen Fahrzeugen, die durch die ATP-Bescheinigung[12] den Transport von Gütern im temperaturgeführten Bereich geprüft sind, müssen das in der Abbildung 3 gezeigte Schild montiert haben und den in Abbildung 2 gezeigte Aufkleber (Unterscheidungszeichen) und der Gültigkeitsdauer am Beförderungsmittel auf beiden Seiten in Fahrtrichtung an jeder Seitenwand oben angebracht haben. Das ATP-Zulassungs-schild muss dem in Abbildung 2 gezeigten Muster entsprechen und eine rechteckige Form mit den Abmessungen von mindestens 160 mm x 100 mm haben. Es muss korrosionsbeständig und feuerfest sein. Die Angaben müssen auf dem Zulassungsschild in lesbarer und dauerhafter Form zumindest in englischer, französischer oder russischer Sprache enthalten sein. Das ATP- Zulassungsschild muss dauerhaft an der Stirnwand unten rechts oder links angebracht werden.[13]

Das Unterscheidungszeichen ist entsprechend der Eignung und Ausrüstung für den Transport leicht verderblicher Lebensmittel in Klassen eingeteilt. Diese ergeben sich wie folgt:

1. Buchstabe: Art der Kühl- / Heizeinrichtung

    C .... Beförderungsmittel mit eingebauter Heizanlage
    F .... Beförderungsmittel mit eingebauter Kältemaschine
    R .... Beförderungsmittel mit eingebautem Kältespeicher
    X .... Beförderungsmittel mit autarkem Antrieb (kein eigener Antrieb)

2. Buchstabe: Art der Wärmedämmung

    N .... Beförderungsmittel mit normaler Wärmedämmung
           mittlerer K-Wert $\leq$ 0,70 W/m² K

    R .... Beförderungsmittel mit verstärkter Wärmedämmung
           mittlerer K-Wert $\leq$ 0,40 W/m² K

3. Buchstabe: Temperaturbereich des Beförderungsmittels bei einer Außentemperatur von + 30 °C.

    A .... Temperaturklasse zwischen +12 °C und +/- 0 °C
    B .... Temperaturklasse zwischen +12 °C und -10 °C
           mittlerer K-Wert $\leq$ 0,40 W/m² K

    C .... Temperaturklasse zwischen +12 °C und -20 °C
           mittlerer K-Wert δ 0,40 W/m² K

Ist das Beförderungsmittel mit einer Kältemaschine ohne autarken Antrieb ausgestattet, muss hinter der Klasse zusätzlich ein „X" stehen (z.B. FRCX). Beide Kennzeichen dürfen vom Betreiber oder Hersteller erstellt und angebracht werden.

Geprüft werden auch der Aufbau nach der Wärmedämmung, sowie nach der Wärmedurchlässigkeit wie folgt:

- Für den Transport von Lebensmitteln im Temperaturbereich < 0°C muss der K-Wert (mittlerer Wärmedurchgangskoeffizient) $\leq$ 0,40 W/m² K sein.
- Für den Transport von gekühlten Lebensmitteln im Temperaturbereich > 0 °C muss der K-Wert $\leq$ 0,70 W/m² K sein.

---

[12] Das Formular für eine solche ATP-Bescheinigung befindet sich im Anhang (Teil C).
[13] Vgl. ATP-Schild. Quelle: TÜV- SÜD, Informationsblatt (Stand: April 2004).

Die Prüfung ist sechs Jahre nach der Herstellung des wärmegedämmten Aufbaus und der Kältemaschine zu wiederholen, danach alle drei Jahre. Die ATP-Bescheinigung wird mit einer Gültigkeit von drei Jahren ausgestellt.[14]

Abbildung 2: Zeichen des ATP.
(Quelle: Germanischer Lloyd: http://www.gl-group.com/industrial/topics/8441.htm; Stand: 16.0.2006)

Abbildung 3: ATP Schild.
(Quelle: TÜV- SÜD, Informationsblatt; Stand: April 2004)

---

[14] Vgl. TÜV-SÜD, Informationsblatt ATP (Stand: Januar 2006).

1.5.2. Tiefkühlverordnung (TMLV)

Für den Bereich der Tiefkühlverordnung gibt es die Verordnung über tiefgefrorene Lebensmittel (TMLV), die am 29. Oktober 1991 in Kraft getreten ist. In § 1 wird festgelegt, was man unter dem Begriff „tiefgefrieren" und seinem Anwendungsbereich auf Lebensmittel versteht.

TLMV § 1 : „Tiefgefrorene Lebensmittel im Sinne dieser Verordnung sind Lebensmittel, die

(1) einem geeigneten Gefrierprozess (Tiefgefrieren) unterzogen worden sind, bei dem der Bereich der maximalen Kristallisation entsprechend der Art des Lebensmittels so schnell wie nötig durchschritten wird, mit der Wirkung, dass die Temperatur des Lebensmittels an allen seinen Punkten nach der thermischen Stabilisierung mindestens minus 18 Grad °C beträgt, und

(2) mit einem Hinweis darauf, dass sie tiefgefroren sind, in den Verkehr gebracht werden.

Speiseeis unterliegt nicht den Vorschriften dieser Verordnung.

Die Vorschriften der Hackfleisch-Verordnung und der Geflügelfleischmindestanforderungen-Verordnung bleibt unberührt.

Nach dem Tiefgefrieren muss die Temperatur bis zur Abgabe an den Verbraucher an allen Punkten des Erzeugnisses ständig bei minus 18 Grad °C oder tiefer gehalten werden. Von dieser Temperatur sind folgende Abweichungen nach oben zulässig:

1. beim Versand kurzfristige Schwankungen von höchstens 3 Grad °C,
2. beim örtlichen Vertrieb und in den Tiefkühlgeräten des Einzelhandels im Rahmen redlicher Aufbewahrungs- und Vertriebsverfahren Abweichungen von höchstens 3 Grad °C."[15]

TLMV § 2a: „Führung von Nachweisen

(1) Beförderungsmittel mit einem Fassungsvermögen von mehr als zwei Kubikmetern wie Lastkraftwagen, Anhänger, Sattelanhänger, Container und andere der Beförderung dienende Transportmittel sowie Einlagerungs- und Lagereinrichtungen für tiefgefrorene Lebensmittel müssen während des Betriebs mit geeigneten aufzeichnenden Lufttemperaturmessgeräten ausgestattet sein. Der für die Beförderung Verantwortliche sowie der für die Einlagerungs- und Lagereinrichtungen Verantwortliche hat sicherzustellen, dass während des Betriebs die Lufttemperatur, der tiefgefrorene Lebensmittel ausgesetzt sind, mit den Lufttemperaturmessgeräten so häufig und in regelmäßigen Zeitabständen gemessen und aufgezeichnet wird, dass das Temperaturgeschehen nachvollziehbar

ist. Die Temperaturaufzeichnungen sind von dem nach Satz 2 Verantwortlichen mindestens ein Jahr aufzubewahren."[16]

1.5.3. Produktspezifische Verordnungen

In den Bereich der produktspezifischen Verordnungen fallen Verordnungen, die auf einzelne Produkte bezogen sind hinein. Es gibt demnach eine Fülle an Verordnungen. Da es in diesem Bereich eine große Anzahl verschiedenster Verordnungen gibt, werden an dieser Stelle nur ausgewählte Verordnungen exemplarisch erwähnt:

- Verordnung über Hackfleisch, Schabefleisch und anderes zerkleinertes rohes Fleisch vom 10. Mai 1976
- Verordnung über die hygienischen Anforderungen an Eier, Eiprodukte und roheihaltige Lebensmittel vom 17. Dezember 1993
- Speisegelatine-Verordnung vom 13. Dezember 2002
- Verordnung über Hygiene- und Qualitätsanforderungen an Milch und Erzeugnisse auf Milchbasis (Milchverordnung) vom 20. Juli 2000

1.5.4. Verpackungsverordnung

Bei der Verpackungsverordnung ist für den Bereich der temperaturgeführten Logistik lediglich die Verordnung zur Kennzeichnung für Lebensmittel (LMKV) in Bezug zum Mindesthaltbarkeitsdatum relevant. Nach § 7 Abs. 5 LMKV (Mindesthaltbarkeitsdatum) muss sich ein entsprechender Vermerk leicht ersichtlich auf jeder Verpackung befinden, wenn die Mindesthaltbarkeit nur dann erreicht werden kann, wenn das Gut bei einer bestimmten Temperatur gelagert oder transportiert wird.[17]

1.5.5. Verordnungen während des Transportes

Hier sind zwei Verordnungen zu nennen, erstens die Verordnung über hygienische Anforderungen an Transportbehälter zur Beförderung von Lebensmitteln (LMTV) vom 13. April. 1987 zuletzt geändert am 08.Dezember 2004 und zweiters die Verordnung über die Durchführung der veterinärrechtlichen Kontrollen bei der Einfuhr und Durchfuhr von Lebensmitteln tierischer Herkunft aus Drittländern sowie über die Einfuhr sonstiger Lebensmittel aus Drittländern (LMEV) vom 08. Dezember 2004 mit der Umsetzung der EGRL 78/97 .

---

[15] § 1 Abs. 1, Abs. 2 Verordnung über tiefgefrorene Lebensmittel (TMLV).
[16] § 2 Abs.1 Verordnung über tiefgefrorene Lebensmittel (TMLV).
[17] Vgl. § 7 Abs. 5 Verordnung über die Kennzeichnung von Lebensmitteln (LMKV).

Hier soll nur die LMTV näher betrachtet werden, zur Vollständigkeit wird jedoch die LMEV mit erwähnt.

Die Verordnung über hygienische Anforderungen an Transportbehälter zur Beförderung von Lebensmitteln (LMTV) greift insofern bei den temperaturgeführten Produkten, da die inhaltliche Aussage der Verordnung sich auf die Hygiene an Tanks, tankähnlichen Transporteinrichtungen sowie Transportgefäße oder Behälter einschließlich der Be- und Entladung unverpackter Lebensmittel bezieht, welches z.B. bei Transport von Fleisch gegeben ist.[18] Für Milch und Milcherzeugnisse gilt diese Verordnung jedoch nicht, da für diese die produktspezifische Milchverordnung zählt.

Die Transportbehälter müssen auch nach § 3 Abs.1 LMTV, folgende Anforderungen erfüllen:

Die Beschaffenheit muss so sein, dass die Lebensmittel nicht nachhaltig beeinflusst werden können, was auch schon in der Lebensmittelhygieneverordnung fest gehalten wurde (siehe hierzu Punkt 1.3). Die Reinigung und Desinfektion muss leicht durchführbar und ein Vermerk „Nur für Lebensmitteltransporte oder Nur für Lebensmittel" dauerhaft angebracht sein. [19]

1.5.6. Umweltverordnungen

Auch müssen Umweltverordnungen eingehalten werden. Auf diese wird hier im Rahmen dieser Seminararbeit aber nicht weiter eingegangen. Um aber eine Verordnung kurz zu nennen, die zu beachten ist, wird hier eine der umfangreichsten genannt:

- Die Verordnung über den Ausstoß von **F**luor**c**hlor**k**ohlen**w**asserstoffe (FCKW) zum Schutze der Ozonschicht.

Diese ist relevant, da zum Großteil in der temperaturgeführten Logistik, die Kälteanlagen und Kühleinrichtungen mit FCKW (Fluorchlorkohlenwasserstoffe) oder H-FCKW (teil**h**alogenierte **F**luor**c**hlor**k**ohlen**w**asserstoffe) betrieben werden.

Als Hinweis soll hier noch erwähnt werden, dass Kälteanlagen dem Geltungsbereich des Bundes-Immissionsschutzgesetz (BImSchG) unterliegen.[20]

1.5.7. Arbeitsplatzverordnungen

Im Rahmen der Arbeitsplatzverordnungen kann hier gesagt werden, dass allgemein das Arbeitsschutzgesetz greift, welches hier allerdings nicht näher betrachtet wird. Ein Arbeitsplatz, der unter 16 °Celsius liegt, wird als Kältearbeitsplatz bezeichnet. Hier sind

---

[18] Vgl. §1 Abs.1 Verordnung über hygienische Anforderungen an Transportbehälter zur Beförderung von Lebensmitteln (LMTV).
[19] Vgl. §3 Abs.1 bis 5 Verordnung über hygienische Anforderungen an Transportbehälter zur Beförderung von Lebensmitteln (LMTV).
[20] Vgl. Wohlmuth, P.R.: Umweltschutz. In: Peilnsteiner, J. / Truszkiewitz, G.: Handbuch Temperaturgeführte Logistik, Hamburg 2002, Seite 232.

dann besondere Anforderungen an die Arbeitskleidungen gestellt. Kälteschutzkleidung, die zum Einsatz in Kühlhäusern konzipiert ist, wird nach der EU in der „Kategorie II" welche in einer Tabelle der Norm für Arbeitsschutzkleidung ENV 342 ersichtlich ist, eingestuft.[21]

1.5.8. Frischebereich

Der Hauptanteil an Produkten aus dem Bereich der frischen Waren stellen Molkereiprodukte dar. Die Lagerung und der Transport dieser Produkte müssen bei einer Temperatur zwischen plus 8 °Celsius bis plus 10 °Celsius erfolgen.

Fleisch wie Wild, Geflügel werden bei einen tieferen Temperaturen von plus 2 °Celsius (Hackfleisch) bis plus 7 °Celsius (Frischfleisch) gelagert und transportiert. Ausnahmen bilden hierbei Fisch und Eiprodukte, deren Temperaturbereich je nach Beschaffenheit bei plus 2 °Celsius bis plus 10 °Celsius liegen darf. Temperaturabweichungen, die beim Transport entstehen können, sind je nach Produkt verschieden. Die Abweichungen sind jedoch Gegenstand von Vereinbarungen zwischen den Marktpartnern.

Des weiteren kann hier gesagt werden, dass im Bereich der frischen Waren die gleichen Verordnungen in der Lebensmittelhygiene gelten wie im Bereich der tiefgekühlten Waren.

2. Zahlen, Daten, Fakten

Als erstes soll hier die Hauptdatenquelle der Recherche genauer erwähnt werden. Dies ist der **V**erband **d**eutscher **K**ühlhäuser und Kühllogistikunternehmen e. V. (VDKL) mit Sitz in der Schedestraße 11, 53113 Bonn. Die aktuellen Zahlen und Daten wurden aus der Pressemitteilung vom 30.01.2006 entnommen und werden hier dargestellt. Der VDKL vertritt über 85 % der gewerblichen Kühlhäuser in Deutschland. Mitglieder sind Dienstleistungs-, Industrie- und Handelsunternehmen, die im Bereich der temperaturgeführten Logistik von Tiefkühl- und Frischeprodukten tätig sind.

Die Belegungsauslastung gewerblicher Kühlhäuser in Deutschland betrug im Jahr 2005 bundesweit durchschnittlich 72,0 %. Dies sind 0,7 % mehr als im Vorjahr. Insbesondere bei den Produktgruppen Schweinefleisch (+ 5,2 %), Gemüse (+ 2,1 %) und Rindfleisch (+ 0,8 %) sind die Lagerbestände im Jahresdurchschnitt gestiegen. Einbußen waren unter anderem bei den Produktgruppen Eiscreme (- 2,2 %), Früchte / Obst (-1,5 %) und Butter / Molkereiprodukte (-1,4 %) zu verzeichnen.

---

[21] Vgl. Kottwitz, U.: Kälteschutzkleidung. In: Peilnsteiner, J. / Truszkiewitz, G.: Handbuch Tem-

Die im VDKL zusammengeschlossenen Kühlhäuser und Kühllogistikunternehmen verfügten im Jahr 2005 über ein gekühltes Gesamtvolumen in Höhe von ca. 8,7 Mio. cbm und über ein Gesamtvolumen (gekühlt und ungekühlt) von ca. 10,9 Mio. cbm. Die Gesamtlagerkapazität betrug über 2 Mio. Euro-Palettenplätze.
Die jährlich aktualisierte Erhebung mit Stichtag zum 30. Januar 2006 ergab, dass die temperaturgeführte Gesamtlagerkapazitäten in Deutschland im Jahr 2005 über die gesamten Kühl- und Tiefkühllagerkapazitäten mit über 728 Kühlhäuser von mindestens 2.000 cbm gekühltem Volumen eine Gesamtkapazität von ca. 19,7 Mio. cbm bzw. 4,3 Mio. Euro- Palettenplätze haben.

Die Gesamtlagerkapazität überwiegend gewerblich tätiger Kühlhäuser liegt bei ca. 13,6 Mio. cbm bzw. 2,7 Mio. Euro-Palettenplätzen. Im Bereich der gewerblichen Lagerkapazitäten (-18 °C und kälter) deckt der VDKL damit 80,2 % des deutschen Marktes für Kühlhauslogistik ab.

Zum Vergleich gab es im Jahr 2001 rund 522 Kühlhäuser mit einer Kapazität von mindestens 2.000 cbm. Das entspricht einem Zuwachs bis 2006 von 206 Kühlhäusern in vier Jahren.

Hierzu gab es im Jahr 2001 ein Diagramm über die Verteilung der Belegung in den Kühlhäusern, in der die Verteilung auf die einzelnen Produktgruppen dargestellt wird. Daraus ersichtlich ist der Belegungsgrad: Daten, die der VDKL im Jahr 2001 bei seinen Mitgliederunternehmen aus dem gewerblichen temperaturgeführten Lagerbereichen gewonnen hat. Diese setzen die jährlichen Belegungszahlen nach Volumen (cbm), Gewicht und Europalettenplätzen fest. „Der durchschnittliche Belegungsgrad lag im Jahr 2001 bei 84 %"[22], die Verteilung wird in dem nachfolgend gezeigten Diagramm

---

peraturgeführte Logistik, Hamburg 2002, Seite 226.
[22] Peilnsteiner, J.: Entwicklung der temperaturgeführten Logistik. In: Peilnsteiner, J. / Truszkiewitz, G.: Handbuch Temperaturgeführte Logistik, Hamburg 2002, Seite 9.

dargestellt:

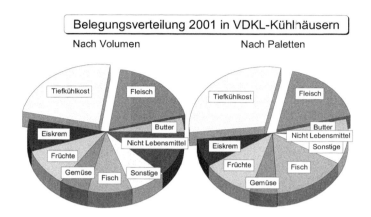

Daten (2001) zur obigen Abbildung :

	nach Volumen	nach Paletten
Butter	4 %	4 %
Fleisch	19,1 %	17,9 %
Tiefkühlkost	23,8 %	29,9 %
Eiskrem	8,8 %	7,5 %
Früchte	10,1 %	11,1 %
Gemüse	6,0 %	5,8 %
Fisch	9,2 %	15,6 %
Sonstige	7,5 %	7,1 %
Nicht-Lebensmittel	11,9 %	1,0 %

Abbildung 4: Verteilung des Belegungsgrades 2001.
(Quelle: Peilnsteiner, J.: Entwicklung der temperaturgeführten Logistik. In: Peilnsteiner, J. / Truszkiewitz, G.: Handbuch Temperaturgeführte Logistik, Hamburg, 2002, Seite 9; eigene Darstellung)

Zum Vergleich gab es ein aktuelles Diagramm für das Jahr 2005, herausgegeben vom VDKL, in dem die Daten sehr genau aufgeführt sind. Es wurden hier auch mehr Einteilungen in einzelne Produktgruppen vorgenommen. Dazu siehe Abbildung 5.

Ein direkter Vergleich ist jedoch nicht möglich, da sich durch die geänderten Produktgruppen die Daten verschieben.

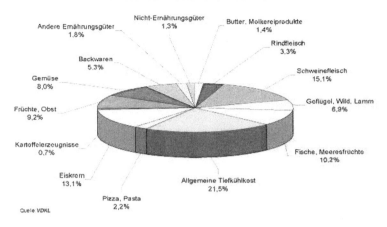

Abbildung 5: Durchschnittliche Palettenbelegung der VDKL-Kühlhäuser im Jahr 2005 in % angegeben.
(Quelle: www.vdkl.de /branchenzahlen.htm; Stand: 18.02.2006)

Das Deutsche Tiefkühlinstitut e. V. hat für den Zeitraum 1974 bis 2004 die Absatzzahlen auf dem Deutschen Gesamtmarkt in einem Diagramm dargestellt. Die Abstände der dargestellten Messungen sind in 5- Jahres Abständen angegeben worden. Die Darstellung wurde in Tonnen (ohne Betrachtung des Speiseeises) vorgenommen. Daraus ist zu ersehen, dass im Jahr 1974 ein Gesamtmarkt von 730 976 Tonnen bestand, welcher kontinuierlich bis ins Jahr 2004 auf 3 022 365 Tonnen angestiegen ist. Dies bedeutet eine Vervierfachung im Vergleich zu 1974 bedeutet. Gründe hierfür liegen in dem Konsumverhalten der Verbraucher, die teils aus Zeitgründen sowie aufgrund einfacher Handhabung von Tiefkühlwaren bevorzugen.

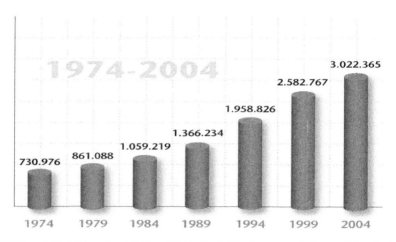

Abbildung 6: Tiefkühlabsatzentwicklung 2004 in Deutschland gemessen in Tonnen (ohne Speiseeis).
(Quelle: Deutsches Tiefkühlinstitut e. V.; Stand: 19.02.2006)

Darüber hinaus hat das Deutsche Tiefkühlinstitut Zahlen für den Pro-Kopf-Verbrauch in einer Zeitspanne von 1974 bis 2004 in einem Diagramm dargestellt.[23] Auch hier ist der Zeitabstand der Darstellungen in Abständen von fünf Jahren gewählt. Der Verbrauch wurde in Kilogramm pro Kopf gemessen. Es erfolgte ein Anstieg von ca. 730.000 Tonnen auf ca. 3.022.000 Tonnen. Dies ist eine Steigerung um etwas mehr als das Dreifache. Da der Absatzmarkt aber um etwas mehr als das Vierfache gestiegen ist, kann man sagen dass es noch andere Faktoren als den Verbrauch pro Kopf geben muss. Die Globalisierung sowie die EU- Umsetzung könnten hierfür eine Rolle spielen. Da auch die Exporte allgemein gestiegen sind, liegt diese Vermutung sehr nahe. Auch werden in der Tabelle 3 Daten für den Verbraucher, sowie für den Großhandel unterschieden. Auch soll die graphische Darstellung in Form eines Diagramms versuchen, dieses erkennen zu lassen. Die Darstellung erfolgt in Abbildung 8.

---

[23] Vgl. http://www.tiefkuehlkost.de/download/SHOW/absatzentwicklung_1974_2004 (19.02.2006).

Abbildung 7: Tiefkühlkost Pro-Kopf-Verbrauch von 1974 bis 2004 in Deutschland gemessen in Kilogramm (ohne Speiseeis)
(Quelle: Deutsches Tiefkühlinstitut e.V.; Stand 19.02.2006)

Tiefkühlkost-Absatz 2004 (in Tonnen)

Produktart	Lebensmittelhandel			Großverbraucher			Insgesamt		
	2003	2004	Änderung	2003	2004	Änderung	2003	2004	Änderung
Gemüse Rohgemüse									
-Spinat	17.741	18.228	+ 2,7 %	13.713	13.842	+ 0,9 %	31.454	32.070	+ 2,0 %
-Einzelgemüse und Gemüsemischungen	112.287	114.997	+ 2,4 %	130.429	130.349	- 0,1 %	242.716	245.346	+ 1,1 %
-Kräuter und Krätuermischungen *)	3.205	3.677	+ 14,7 %	6.500	7.150	+ 10,0 %	9.705	10.827	+ 11,6 %
Rohgemüse insg *)	133.233	136.902	2,8 %	150.642	151.341	0,5 %	283.875	288.243	1,5 %
- Rahmspinat, Spinatzubereitungen	58.907	57.862	- 1,8 %	1.112	1.135	+ 2,1 %	60.019	58.997	- 1,7 %
- andere zubereitete Gemüse	83.158	82.327	- 1,0 %	9.931	10.924	+ 10,0 %	93.089	93.251	+ 0,2 %
Gemüsezuber. Insg.	142.065	140.189	- 1,3 %	11.043	12.059	+ 9,2 %	153.108	152.248	- 0,6 %

Gemüse insgesamt *)	275.298	277.091	- 0,7 %	161.685	163.400	+ 1,1 %	436.983	440.491 + 0,8 %
Obst, Obstsäfte	12.284	14.305	+ 16,5 %	47.979	47.979	0,0 %	60.263	62.294 + 3,4 %
Fische, Krusten- und Weichtiere								
- Fischfilet natur	36.232	39.242	+ 8,3 %	17.748	21.120	+ 19,0 %	53.980	60.362 + 11,8 %
- Fischgerichte	34.901	39.089	+ 12,0 %	4.664	4.757	+ 2,0 %	39.565	43.846 + 10,8 %
- Fischstäbchen	43.035	43.724	+ 1,6 %	3.361	3.462	+ 3,0 %	46.396	47.186 + 1,7 %
- panierter Fisch	30.432	33.475	+ 10,0 %	40.533	44.262	+ 9,2 %	70.965	77.737 + 9,5 %
- restliche Fische u. Meerestiere	11.147	13.578	+ 21,8 %	18.591	19.892	+ 7,0 %	29.738	33.470 + 12,5 %
Fische, Krustentiere insgesamt	155.747	169.108	+ 8,6 %	84.897	93.493	+ 10,1 %	240.644	262.601 + 9,1 %
Kartoffelerzeugnisse								
-Pommes frites *)	129.331	139.677	+ 8,0 %	139.564	140.235	+ 0,5 %	268.895	279.912 + 4,1 %
- sonst. Kartoffelerzeugn.	60.587	61.837	+ 2,1 %	43.786	42.472	- 3,0 %	104.373	104.309 - 0,1 %
Kartoffelerzeugn. insg. *)	189.918	201.514	+ 6,1 %	183.350	182.707	- 0,4 %	373.268	384.221 + 2,9 %

	Lebensmittelhandel			Großverbraucher			Insgesamt		
Produktart	2003	2004	Änderung	2003	2004	Änderung	2003	2004	Änderung
Backwaren									
- Kuchen, Torten u. a.	93.062	98.082	+ 5,4 %	66.645	67.511	+ 1,3 %	159.707	165.593	+ 3,7 %
- Teige *)	9.300	9.533	+ 2,5 %	66.644	61.980	- 7,0 %	75.944	71.513	- 5,8 %
- Brot, Brötchen, Laugengebäck, Croissants, Hefezöpfe	61.486	67.670	+ 10,1 %	199.934	210.934	+ 5,4 %	261.420	278.400	+ 6,5 %
Backwaren insgesamt *)	163.848	175.285	+ 7,0 %	333.223	340.221	+ 2,1 %	497.071	515.506	+ 3,7 %
TK-Gerichte									
- Hauptspeisen	91.290	95.855	+ 5,0 %	40.410	38.794	- 4,0 %	131.700	134.649	+ 2,2 %
- Zubereitungen	182.464	182.742	+ 0,2 %	58.897	61.801	+ 4,9 %	241.361	244.543	+ 1,3 %
- Eintöpfe und Suppen	8.885	9.125	+ 2,7 %	3.880	3.818	- 1,6 %	12.765	12.943	+ 1,4 %
TK-Gerichte insg. *)	282.639	287.722	+ 1,8 %	103.187	104.413	+ 1,2 %	385.826	392.135	+ 1,6 %
Pizzas *)	206.345	221.615	+ 7,4 %	11.434	12.338	+ 7,9 %	217.779	233.953	+ 7,4 %
Snacks *)	62.018	59.699	- 3,7 %	106.403	115.379	+ 8,4 %	168.421	175.078	+ 4,0 %

Milcherzeugnisse, Süßspeisen	4.787	4.548	- 5,0 %	4.401	4.674	+ 6,2 %	9.188	9.222	+ 0,4 %

Tiefkühlkost insgesamt

(ohne Rohfleisch, Wild und Rohgeflügel) *)	1.359.216	1.416.919	+ 4,2 %	1.043.530	1.072.245	+ 2,8 %	2.402.746	2.489.164	+ 3,6 %

Fleisch und Wild (roh) 1)

- Rohfleisch	46.309	46.633	+ 0,7 %	165.123	161.821	+ 2,0 %	211.432	208.454	- 1,4 %
- Wild, Wildgeflügel (roh)	5.712	6.199	+ 8,5 %	10.998	11.548	+ 5,0 %	16.710	17.747	+ 6,2 %
Fleisch, Wild (roh) insg.	52.021	52.832	+ 1,6 %	176.121	173.369	- 1,6 %	228.142	226.201	- 0,9 %

Tiefkühlkost insgesamt

(ohne Rohgeflügel) *)	1.411.237	1.469.751	+ 4,1 %	1.219.651	1.245.614	+ 2,1 %	2.630.888	2.715.365	+ 3,2 %
Rohgeflügel	141.750	138.150	+ 2,5 %	173.250	168.850	- 2,5 %	315.000	307.000	- 2,5 %

Tiefkühlkost insgesamt (inkl. Rohfleisch,

Wild u. Rohgeflügel) *)	1.552.987	1.607.901	+ 3,5 %	1.392.901	1.414.464	+ 1,6 %	2.945.888	3.022.365	+ 2,6 %

*) geänderte Datenbasis 2003
1) Diese Produktgruppe umfaßt aufgrund unvollständiger Meldungen nur einen Teil des Marktvolumens. Der Vergleich der meldenden Firmen zeigt jedoch die Markttendenz.

Tabelle 3: Tiefkühlkost Absatz 2004 in Tonnen.
(Quelle: Deutsches Tiefkühlinstitut e. V .: www.tiefkuehlinstitut.de; Stand: 18.02.2006).

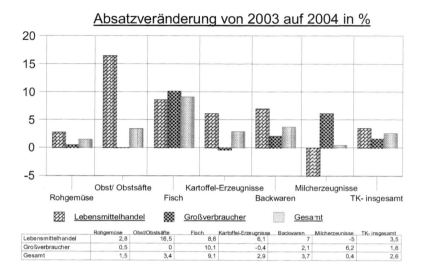

Abbildung 8: Tiefkühlkost-Absatz 2004 in Tonnen.
(Quelle: www.tiefkuehlinstitut.de (18.02.2006), eigene Darstellung)

Die Abbildung 8 zeigt die prozentuale Veränderung des TK-Verbrauches zwischen 2003 und 2004. Auffällig bei dieser bildlichen Darstellung ist dabei, dass der Lebensmittelhandel außer bei Milcherzeugnissen in allen dargestellten Bereichen zugelegt hat, am stärksten im Bereich Obst und Obstsäfte. Großverbraucher hingegen haben in einigen Bereichen nicht zulegen können. Im Bereich der Milcherzeugnisse, haben die Großverbraucher ebenfalls zugelegt.

3. Besondere Umschlagsplätze

Auf die besonderen Umschlagsplätze wird hier nur in aller Kürze eingegangen. Als ein besonderer Umschlagsplatz für Frische- sowie Tiefkühlwaren zählt der Flughafen Frankfurt am Main. Hier wird die größte Menge an frischem, - sowie tiefgefrorenem Fisch in Deutschland umgeschlagen.

4. Gefahren und äußere Einflüsse

Allgemein kann hier gesagt werden, dass es zwei Gefahren und äußere Einflüsse gibt, die für den temperaturgeführten Bereich der Lebensmittel eine Rolle spielen. Zum einen wäre die Wärme zu erwähnen, die für die temperaturgeführten Produkte eine Hauptgefahr darstellen. Da wie unter den rechtlichen Aspekten schon behandelt, eine ununterbrochene Kühlkette zu gewährleisten ist. Auch besteht nur ein geringer Spielraum bei den einzuhaltenden Temperaturen während des gesamten Herstellungs- und Transportweges bis zum Kunden. Die Kühlkette muss daher relativ gut aufeinander abgestimmt sein. Lange Wartezeiten beim Anliefern oder bei der Beladung können schon ausreichen, dass die zum Teil sehr empfindlichen Produkte unverkäuflich oder verdorben sind. Auch ist dies hier eine Frage der Haftung. Wer kann den genauen Zeitpunkt feststellen, wann die Produkte einen Schaden bekommen haben und in wiefern die Temperaturschwankung auf die Haltbarkeit der Produkte Auswirkung hat. Auch die Temperaturkontrolle während des Transportes anhand von Temperatur-Schreibern, reicht da nicht aus, da während des Entladens oder des Beladendes keine mechanische Kontrolle möglich ist. Es gibt jedoch die Möglichkeit, kleine elektronische Temperaturschreiber während des Transportes an das Produkt zu platzieren. Damit kann die Schwankung beim Be- und Entladen dokumentiert werden. Bei modernen Lagerhäusern wird schon in der Planung des Baus der Rampenbereich mit so genannten Thermoschleusen versehen. Dies sind möglichst universelle Rampen mit Gummilippen sowie hochisolierte Schnelllauftore zur Vermeidung von Temperaturverlusten. Auch werden Vorzonen eingerichtet, durch die Temperaturschwankungen vermieden werden sollen. Dies sind sozusagen thermisch abgeschlossene Bereiche. Auch werden Luftschleieranlagen zur Trennung von zwei unterschiedlichen Klimas eingesetzt. Luftschleieranlagen sind Geräte, die Strömungen bei geöffneten Toren unterbinden sollen. Warme Luft gelangt bei geöffneten Toren über die kalte Luft in das Kühlhaus. Durch einen speziellen Luftstrom kann dieser Austausch vermindert werden.

Als zweite Gefahr, die auf die Produkte einen starken Einfluss hat, wäre die Hygiene jedoch zu nennen. In der Regel trifft dies bei tiefgefrorenen Produkten, die in handelsüblichen Verkaufsverpackungen abgepackt sind, nur auf die Produktion zu. Bei Produkten, die lose sind, ist die Hygienevorschrift, die ebenfalls schon behandelt wurde, eine Vorschrift, die genau eingehalten werden muss (besonders bei der Produktion der Waren).

5. Aspekte zukünftiger temperaturgeführter Logistik

Die Bedeutung der temperaturgeführte Logistik wird durch den Wandel des Konsumentenverhaltens in Zukunft noch zunehmen. Der Trend wird aller Voraussicht nach weiter dahin gehen, dass Konsumenten Lebensmittel einfach, in guter Qualität, in der richtigen Menge und gut lagerbar haben möchten. Hierbei spielt die schnelle und unkomplizierte Zubereitung einer Mahlzeit eine entscheidende Rolle. Auch die bisherige Zunahme bei einem Vergleich des Pro-Kopf-Verbrauches von 11,8 kg jährlich im Jahre

1974 hin zu 36,6 kg[24] jährlich im Jahre 2004 deutet auf weiter steigende Zahlen hin. Bedingt durch Änderungen auf europäischer Ebene kommt noch der Wandel in der Gesetzgebung hinzu, der im Laufe des Jahres 2006 greifen wird. Darüber hinaus konnte die Einzelleistung durch logistische Denkensweise in den Kosten gesenkt werden, was für den Kunden zum Vorteil ist. Als einen weiteren Aspekt kann abschließend auch noch eine Weiterentwicklung der Technik im Rahmen der temperaturgeführten Logistik aufgeführt werden. Hier wäre an die Entwicklung immer sparsamerer und umweltfreundlicherer Fahrzeuge zu denken, aber auch an verbesserte Isoliertechniken für Kühlhäuser, um die Energiekosten zu senken.

---

[24] Vgl. Deutsches Tiefkühlinstitut: Tiefkühlkost Pro-Kopf-Verbrauch von 1974 bis 2004 in Deutschland gemessen in Kilogramm (ohne Speiseeis), http://www.tiefkuehlkost.de/download/prokopf_verbrauch_1974_2004 (19.02.2006); siehe auch Abbildung 7.

Literaturverzeichnis

Literatur

Beiträge aus Sammelwerken

Kottwitz, Ursula :
  Kälteschutzkleidung. In: Peilsteiner, Jan / Truszkiewitz, Günter (Hrsg.): Handbuch Temperaturgeführte Logistik, 1. Auflage, Hamburg, 2002, S. 226 - 229.

Peilsteiner, Jan :
  Entwicklung der Temperaturgeführten Logistik – Tiefkühl- und Kühllogistik gestern und heute, Basisdaten. In: Peilsteiner, Jan / Truszkiewitz, Günter (Hrsg.): Handbuch Temperaturgeführte Logistik, 1. Auflage, Hamburg, 2002, S. 5 - 14.

Truszkiewitz, Günter / Vogel, Sabine :
  Temperaturgeführte Logistik. In: Arnold, Dieter / Isermann, Heinz / Kuhn, Axel / Tempelmeier, Horst (Hrsg.): Handbuch der Logistik, 2.,aktualisierte und korrigierte Auflage, Berlin – Heidelberg, 2004, S. B 7-34 bis B 7-46.

Wohlmuth, Peter Rudolf:
  Umweltschutz. In: Peilsteiner, Jan / Truszkiewitz, Günter (Hrsg.): Handbuch Temperaturgeführte Logistik, 1. Auflage, Hamburg, 2002, S. 230 - 237.

Internetquellen

ATP-Prüfstelle der TÜV Süd Gruppe:
  Informationsblatt ATP, http://www.tuev-sued.de (18.02.2006).

Bundesinstitut für gesundheitlichen Verbraucherschutz und Veterinärmedizin :
  Temperaturanforderungen und -empfehlungen für Lebensmittel. In: BgVV- Informationen (Stand 1/99),
  http://www.bfr.bund.de/cms5w/sixcms/detail.php/864 (18.02.2006).

C C Schaper.:
  Die Entstehung von HACCP,
  http://www.ccschaper.de/index.php?p=90&l=1&sid=276a950fd213bb380fccb9c499d8f271 (18.02.2006).

Deutsches Tiefkühlinstitut :
  Tiefkühlkost Absatz 2004 in Tonnen,
  http://www.tiefkuehlkost.de/download/absatzstatistik_2004 (18.02.2006).

Deutsches Tiefkühlinstitut:
  Tiefkühlabsatzentwicklung 2004 in Deutschland gemessen in Tonnen (ohne Speiseeis),
  http://www.tiefkuehlkost.de/download/SHOW/absatzentwicklung_1974_2004, (19.02.2006)

Deutsches Tiefkühlinstitut:
  Tiefkühlkost Pro-Kopf-Verbrauch von 1974 bis 2004 in Deutschland gemessen in Kilogramm (ohne Speiseeis),
  http://www.tiefkuehlkost.de/download/prokopf_verbrauch_1974_2004 (19.02.2006)

Germanischer Lloyd:
ATP-Vertragsstaaten,
http://www.gl-group.com/scripts/index_fs.html?content=http%3A//www.gl-group.com/industrial/topics/8457.htm&top=undefined (16.02.2006).

Germanischer Lloyd:
Zeichen des ATP, Industrial Services,
http://www.glgroup.com/industrial/topics/8441.htm (18.02.2006).

Ingenieurbüro Schardt :
HACCP – Risikoanalyse kritischer Lenkungspunkte,
http://www.ibschardt.de/html/body_haccp.html (18.02.2006).

Mensch & Technik Mikroelektronik-Systembetreuung :
Informationen zur Tiefkühlverordnung,
http://www.mut-messtechnik.de/html/tkv.html (17.02.2006).

PT Energiemanagement:
Temperaturerfassung,
http://www.pt-energiemanagement.de/html/temperaturerfassung.html
(17.02.2006).

o.V.:
Daten der Temperatureinhaltung während des Transportes,
http://www.lamberet.fr/de/pagla32.htm#température (17.02.2006).

Verband deutscher Kühlhäuser und Kühllogistikunternehmen:
Durchschnittliche Palettenbelegung der VDKL-Kühlhäuser im Jahr 2005 in % angegeben, www.vdkl.de /branchenzahlen.htm (18.02.2006).

Verband deutscher Kühlhäuser und Kühllogistikunternehmen:
Kapazitätsentwicklungen im temperaturgeführten Lager- und Transportbereich 2004,
www.vdkl.de/branchenzahlen.htm (18.02.2006).

Gesetzes- und Verordnungstexte

EG-Richtlinie 93/43,
http://www.hygieneportal.de/Gesetzestexte/HACCP-text.htm#Art.%201 (19.02.2006).

Lebensmittel-, Bedarfsgegenstände- und Futtermittelgesetzbuch (LFGB),
Fundstelle: BGBl I 2005, 2618, (3007)

Lebensmittelhygiene-Verordnung (LMHV),
Vom 5. August 1997, BGBl. I S. 2008,
geändert durch Artikel 2 § 2 der Verordnung vom 21. Mai 2001, BGBl. I S. 959

Verordnung (EG) Nr. 852/2004,
Verordnung über Lebensmittelhygiene des Europäischen Parlaments und des Rates vom 29. April 2004 über Lebensmittelhygiene (ABl. EU Nr. L 139 S. 1) in der Fassung der Berichtigung vom 25. Juni 2004 (ABl. EU Nr. L 226 S. 3),

Verordnung über die Durchführung der veterinärrechtlichen Kontrollen bei der Einfuhr und Durchfuhr von Lebensmitteln tierischer Herkunft aus Drittländern sowie über die Einfuhr sonstiger Lebensmittel aus Drittländern (LMEV),

Fundstelle: BGBl I 2004, 3353
Textnachweis ab: 18.12.2004, Amtlicher Hinweis des Normgebers auf EG-Recht:
Umsetzung der EGRL 78/97 (CELEX Nr. 397L0078)

Verordnung über die hygienischen Anforderungen an Eier, Eiprodukte und roheihaltige Lebensmittel (EiProdV),
Fundstelle: BGBl I 1993, 2288
Textnachweis ab: 29.12.1993
Amtliche Hinweise des Normgebers auf EG-Recht:
Umsetzung der
EWGRL 437/89 (CELEX Nr. 389L0437)
EWGRL 662/89 (CELEX Nr. 389L0662)
EWGRL 675/90 (CELEX Nr. 390L0675)
(+++ Stand: Zuletzt geändert durch Art. 4 V v. 9.11.2004 I 2791 +++)

Verordnung über die Kennzeichnung von Lebensmitteln (LMKV),
Fundstelle: BGBl I 1981, 1625, 1626, Textnachweis ab: 3. 8.1984
Amtlicher Hinweis des Normgebers auf EG-Recht: Umsetzung der EWGRL 487/81 (CELEX Nr. 381L0487)
Zur Anwendung im Beitrittsgebiet vgl. für die Zeit vom 3.10.1990 bis 31.12.1990 V v. 28.9.1990 I 2117 (EGRÜblV) u. für die Zeit ab 1.1.1991 V v. 18.12.1990 I 2915 (EGRechtÜblV)
(+++ Stand: Neugefasst durch Bek. v. 15.12.1999 I 2464; zuletzt geändert durch Art. 1 V v. 10.11.2005 I 3160 +++)

Verordnung über Fertigpackungen (FertigPackV),
Fundstelle: BGBl I 1981, 1585 BGBl I 1982, 155
Textnachweis Geltung ab: 13.10.1985
Maßgaben aufgrund des EinigVtr vgl. FertigPackV 1981 Anhang EV
Amtlicher Hinweis des Normgebers auf EG-Recht:
Umsetzung der EGRL 58/95 (CELEX Nr. 395L0058) vgl. V v. 21.8.1996 I 1333
(+++ Stand: Neugefasst durch Bek. v. 8. 3.1994 I 451, 1307; zuletzt geändert durch Art. 286 V v. 25.11.2003 I 2304 +++)

Verordnung über Hackfleisch, Schabefleisch und anderes zerkleinertes rohes Fleisch (HFlV),
Fundstelle: BGBl I 1976, 1186
Textnachweis Geltung ab: 21. 3.1984
Maßgaben aufgrund des EinigVtr vgl. HFlV 1976 Anhang EV
(+++ Stand: Zuletzt geändert durch Art. 3 V v. 18. 5.2005 I 1401 +++)

Verordnung über hygienische Anforderungen an Transportbehälter zur Beförderung von Lebensmitteln (LMTV),
Fundstelle: BGBl I 1987, 1212,
Textnachweis ab: 1.10.1987
Maßgaben aufgrund des EinigVtr vgl. LMTV Anhang EV
Amtliche Hinweise des Normgebers auf EG-Recht:
Umsetzung der EWGRL 43/93 (CELEX Nr: 393L0043)
EGRL 3/96 (CELEX Nr: 396L0003)
Beachtung der EWGRL 189/83 (CELEX Nr. 383L0189) vgl. V v. 5.8.1997 I 2008
(+++ Stand: Zuletzt geändert durch Art. 1 G v. 8.12.2004 I 3350 +++)

Verordnung über tiefgefrorene Lebensmittel (TMLV),
Fundstelle: BGBl I 1991, 2051

Textnachweis ab: 9.11.1991
Stand: Änderung durch Art. 1 V v. 16.11.1995 I 1520
Amtliche Hinweise des Normgebers auf EG-Recht:
Umsetzung der EWGRL 108/89 (CELEX Nr. 389L0108)

Anhang:

Antrag auf Ausstellung einer ATP-Bescheinigung auf der Grundlage einer gültigen Musterprüfung

Für ein Beförderungsmittel in Übereinstimmung mit dem geprüften Muster gemäß
Prüfbericht - Nr.: _____ k-Wert: _____ W/m²K

Allgemeine Angaben

Hersteller des Aufbaus: _____
Herstellungsdatum: _____ / 20 _____ Fabrikmarke: _____
Eigentümer / Verfügungsberechtigter: _____

Unterscheidungszeichen: IR ☐   FRC ☐   FNA ☐   _____ ☐

Fahrzeugart: ☐ Sattelanhänger   ☐ Anhänger   ☐ Kastenwagen
             ☐ LKW-Koffer   ☐ Wechselaufbau ☐ Container

Unterscheidungs-Nr.: _____ zugewiesen von: _____
(Aufbau-Nr.)

Abmessungen

Innen (L x B x H in [mm]): _____ x _____ x _____
Außen (L x B x H in [mm]): _____ x _____ x _____

Wandaufbau (soweit abweichend vom geprüften Muster)

	innen [mm]	Wärmedämmung [mm]	außen [mm]	gesamt [mm]
Dach				
Wände				
Stirnwand				
Heck				
Boden				

Ausrüstung (stets anzugeben)

Türen: _____
(Anzahl, Einbauort und Abmessungen)

Lüftungsöffnungen: _____   Doppelstock ☐
Trennwand (längs, quer): _____   Fleischhang ☐
sonstige Angaben: _____

Kühleinrichtung

Hersteller: _____   Baujahr: _____
Typ: _____   Kältemittel: _____

Bei Kühlgeräten mit mehreren Verdampfern ist zusätzlich die
Typbezeichnung der Verdampfer anzugeben: _____

Versand ATP-Bescheinigung an: Rechnung an:
Antragsteller ☐   Eigentümer ☐   Antragsteller ☐   Eigentümer ☐

Wir bestätigen, dass dieses Beförderungsmittel dem typgeprüften Muster im Sinne der Anlage 1, Anhang 1, Ziffer 2c des ATP-Übereinkommens entspricht.

_____   _____
Datum   Unterschrift / Name des Aufbauherstellers

Antrag senden an: Germanischer Lloyd, ATP-Prüfstelle
                    Postfach 11 16 06, D-20416 Hamburg
                    Telefon: 040/36 149-0, Telefax: 040/36 149-7321
                    e-mail: atp@gl-group.com

ATP03 01/2008